001

002

003

004

005

006

027

026

028

029

030

031

032

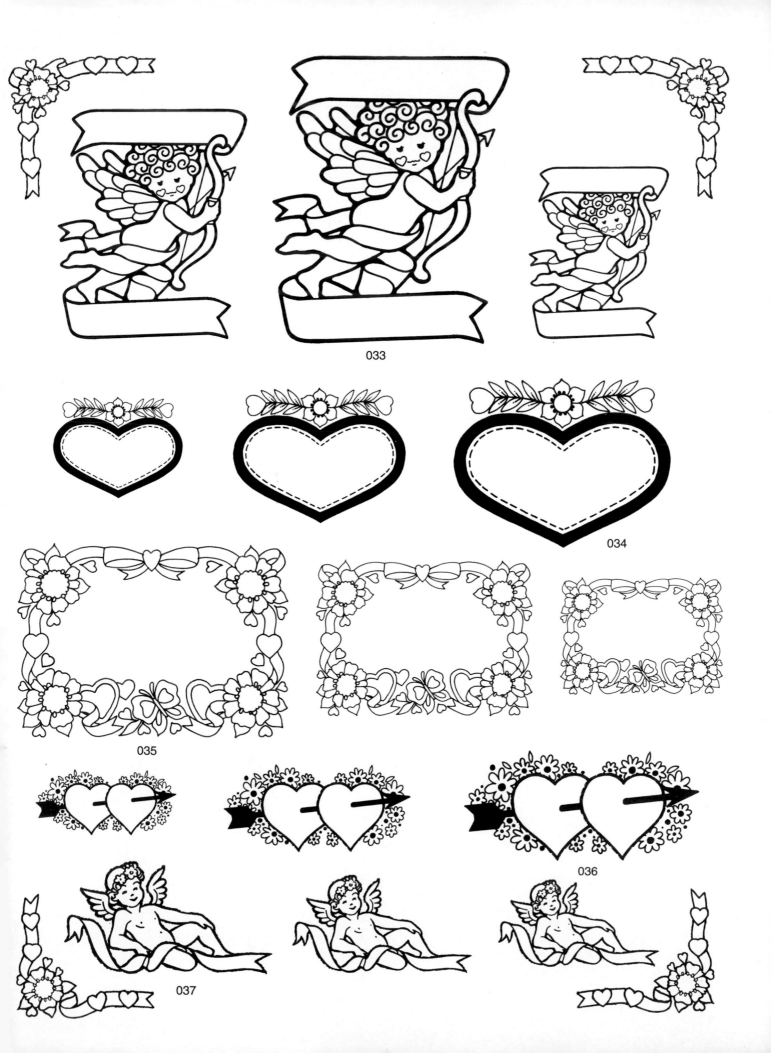

033

034

035

036

037

038

039

040

041

042

043

044

045

046

047

048

049

050

051

052

053

054

055

056

9

057

058

059

060

061

062

063

061

064

065

075 076 077 078 079 080 081 082 083 084 085 086 087 088 089 090

091

093

092

094

095

14

097

096

098

099

15

100

101

102

103

104

105

106

107

108

109

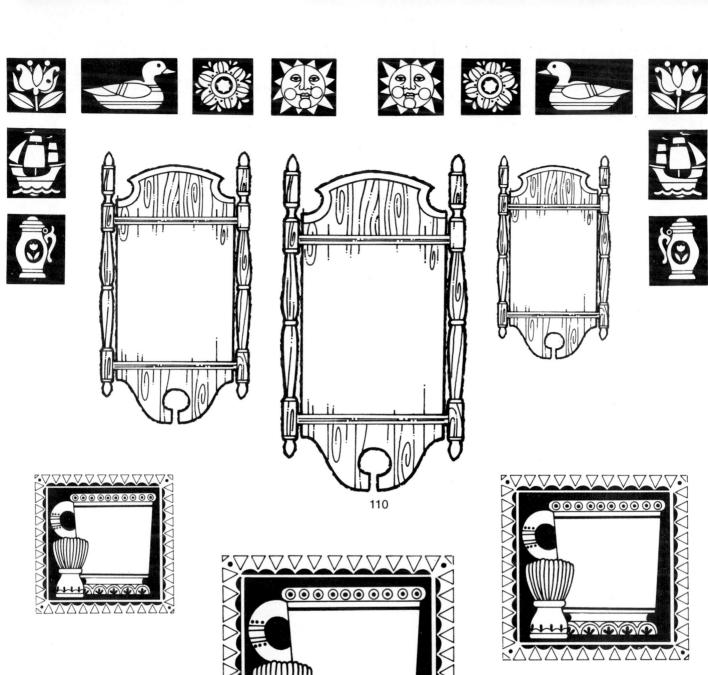

110

111

112

113

114

115

116

117

4TH

4TH

4TH

18

118

119

120

121

122

123

124

19

125

126

127

128

129

130

Back To School

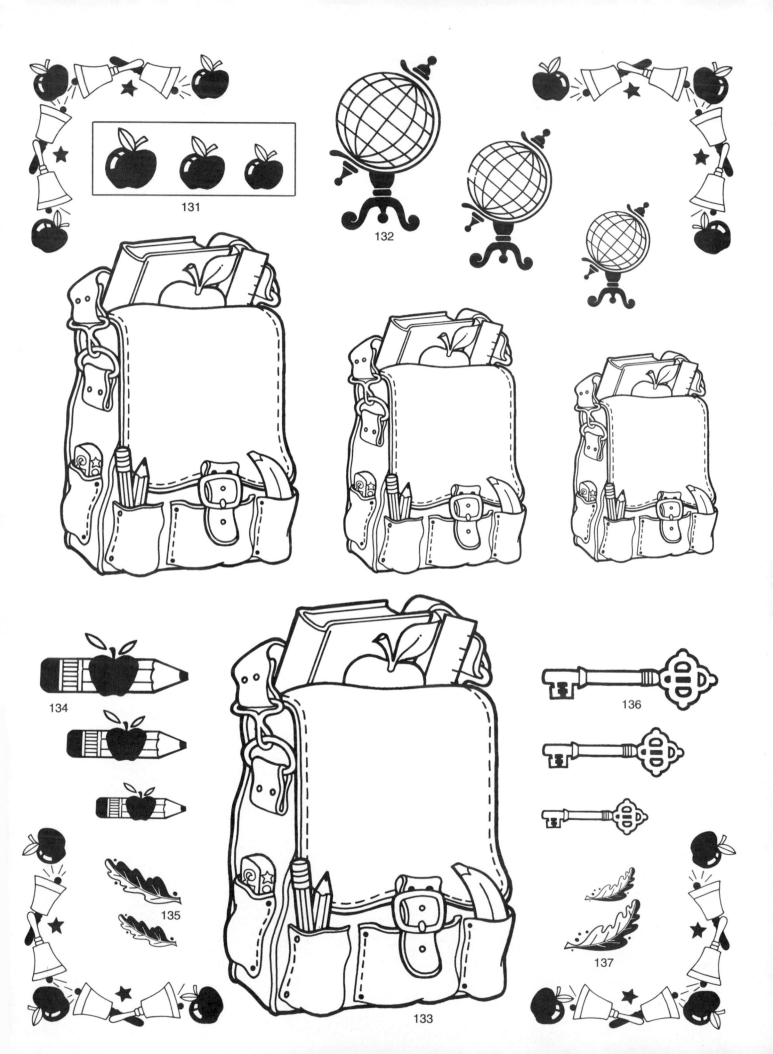

131

132

134

135

133

136

137

146

147

148

149

150

151

152

153

154

155

23

156

157

158

159

160

161

162

163

164

157

165

166

167

168

169

170

171

172

173

174

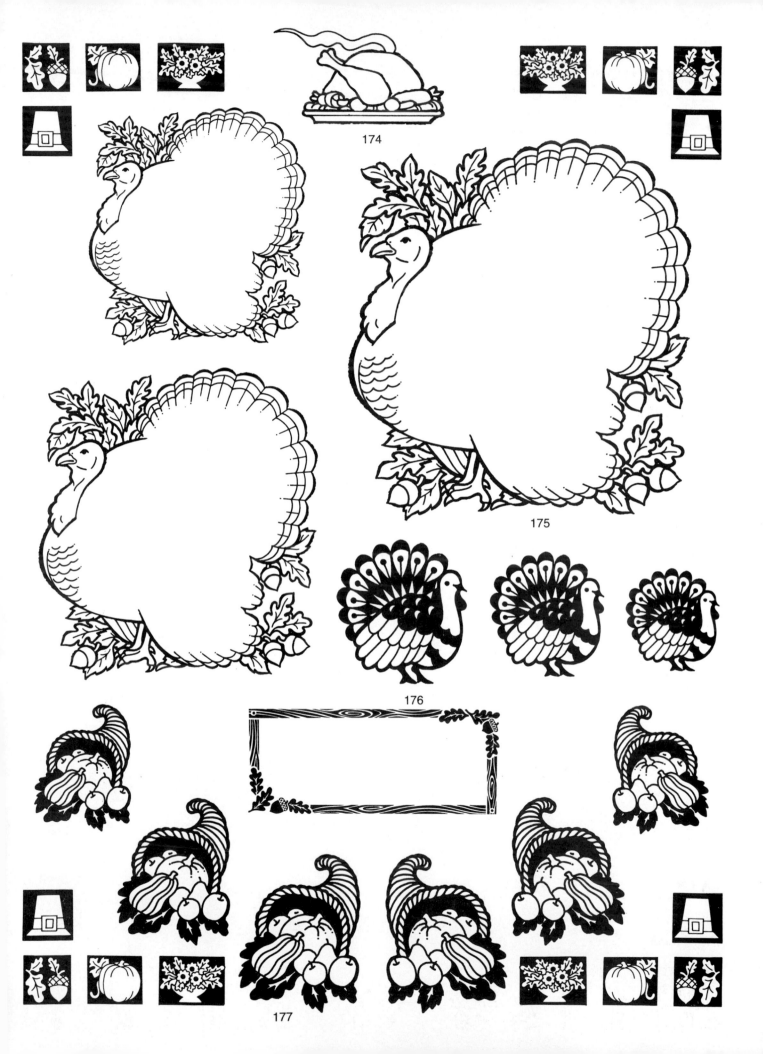

174

175

176

177

178

179 180 181

182 183 184

185 186 188

187

189

190

191

192

193

194

195

196

197

198

199

200

29

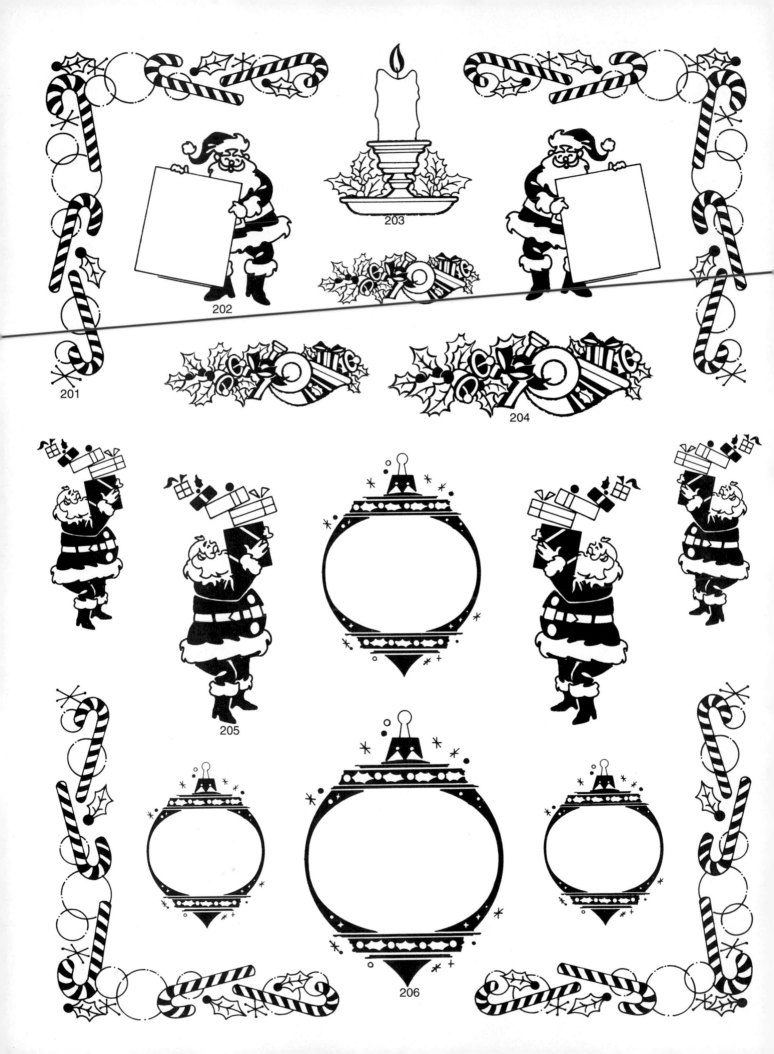

201

202

203

204

205

206

207

209

208

210

211

212

213

214

215

32